새들도 그리워서 산을 넘는다

권영숙 제5시집

새들도 그리워서 산을 넘는다

세종출판사

| 시인의 말 |

가슴 뜨거운 5월이다.

생명들이 다시 한 살이를 시작했다.

삼라만상이 새롭게 모든 걸 치유하고 나선 것이다.

자연도 아픔이 절반이란다. 생각해보면

모진 비바람과 태풍 ……

꽃피고 열매 맺는 것 구구절절 아픔이다.

사람도 자연의 일부이니 오죽하랴.

'詩' 하면 자연과 친숙함을 느끼게 마련이다.

자연이라는 생명의 뜨거움이

시인의 감성을 흔드는 까닭이란다.

그래서일까. 시를 쓸 때는 마음이 숭고해진다.

시는 또 다른 나의 신앙인 탓이다.

가슴속에서 실핏줄 톡톡 끊어지는 아픔이 일 때

시를 쓰면 거짓말처럼 통증이 사라지는 걸 체험한다.

이룰 수 없는 그리움이 쓰나미처럼 밀어닥치다가도

시를 쓰면, 가슴속에서 눈물이 펌프질을 하다가도

시를 쓰면, 고요해 지면서 행복해진다.

그런 탓에 시는 나에게 있어 또 하나의 구원이다.

그래서 나의 삶은 시로 치환되었다.

이 소중한 보물을 나는 갈고 닦으면서

행여 잃어버리지 않게 가슴속에 깊숙이 품을 것이다.

2014. 5. 5.

부산 대연동 못골에서, 권영숙

| 차 례 |

제1부

제2부

제3부

제4부

제5부

제 1 부

모래알 세상

널따란 모래밭, 모래알 한데모여
한세상 이루었다
파도가 친다
파도가 밤낮 쳐도
끄떡하지 않는다
얼마나 끈끈한 결속이기에?

모래 한 줌 집어 들었다
꼭 쥐었다 놓아도
서로 붙지 않는다
한 알, 한 알,
모두 한 알이다

세상 끝없이 넓어도
모래알 같은 세상
제 각각 하나하나 흩어지는
모래알 같은 우리

낙타는 발자국을 남기지 않는다

계곡처럼 굽은 등 몸부터 슬프다
커다란 눈을 반쯤 감은 채
모래를 헤젓는 발걸음

끝없는 지평선을 향해
가도 가도 제자리
발굽에 체이는 모래바람이
원수처럼 전진을 방해 한다

걸어도 걸어도
말馬처럼
또각, 또각,
경쾌한 소리도 없는 길
사르륵 사르륵
모래바람에 묻혀버리는 발자국

해가 저물고 황량한 사막에
빙설처럼 내리는 달빛
감옥처럼
몇 줌의 마른 풀이 주어지고
가도 가도
발자국 하나 남길 수 없는 길을
추억한 듯
긴 눈썹을 내리깔고
마른 풀을 씹는
낙타

밤의 소나타

서산에 해 넘어간다
산은 강물에 몸을 담그고
개울가 송사리 떼들은
황급히 꼬리치며 집으로 돌아간다

하늘엔 덜 익은 달이
밤을 시작하고
달빛 그물을 쳐
송사리 잡이를 한다
이리저리 달아나는
송사리 떼

산을 품은 강은
고요한 세상을 만들어가고
점점 살찐 달은
소나무가지에 걸터앉아
세상을 유심히 내려다보며
외로운 이를 찾는다

골목 벽화

햇살 겨우 찾아드는 골목길
굽이져 돌아가는 가난한 벽을 따라
물결치듯 피어난 꽃들
꽃 아래 모여 꽃처럼 사는 아이들
아이들 가슴 속으로 새록새록 스며드는
꽃 이야기
꽃은 어디서나 피어날 수 있다는
꽃 같은 이야기

굽이진 골목길을 따라 물결치듯 뻗어나간
벽화
꽃물결을 타고 꽃처럼 크는 아이들
햇살, 손님처럼
골목 벽화를 더듬어보고
주춤 주춤 아쉽게 떠나는 오후

사하라 사막

생명의 서사시를 쓰는 사하라사막
생명은 저리도 뜨거운 것인가!

수억 년 지하 저수지
틸라피아 물고기와 악어가 살고 있는
뜨거운 호수
아침이면 어미 틸라피아 입속에서
어린 틸라피아 떼가
분수처럼 터져 나온다

어디서나 악어는 악어다
밤이면 먹이를 찾아 움직이는 악어
밤이면 눈 먼 틸라피아 물고기
어미 틸라피아들 밤마다
아기들을 입안에 숨겨 지키는 모성

사막에서는
모래를 쓸어내린 뜨거운 바람을 타고

마른 풀뿌리 사막의 허물처럼
데굴데굴 구르고
죽은 듯 서 있는 나무 위에서
더위를 피하는 곤충들의 쌔근거린 숨소리

일 년에 한두 번 내리는 비
비를 만난 부활초
비를 만나 살아나는 부활초의 가지마다
잎눈이 트고
이삼 주 만에 꽃이 피고 열매를 맺는다

동그란 무늬를 놓듯 사막에 떨어진 낙타의 똥
별똥별보다 아름다운 낙타의 똥을 찾아
뜨거운 모래를 파는 쇠똥구리들
쇠똥구리들이
물구나무서기 뒷걸음질로 양식을 지고 가는
모래 언덕길
모래바람은 뒤에서 불어오고 있다

삼복더위

여름 내내 비 한 방울 내리지 않았다

버스는 좀처럼 오지 않고
거리는 나무 한 그루 없는 불볕더위

전봇대 그늘이 길게 뻗고
그곳에 일렬로 늘어 선 사람들

버스가 도착할 때마다 재빠르게
전봇대 그늘을 차지하는 사람들
끼어들 틈이 없는 전봇대 그늘

탱자나무

버려진 폐교
녹슨 교문이 바람을 탄다
나팔꽃이 허전하게 나팔을 불고
완두콩은 키 큰 나무를 타고 올라가
사방을 두리번거린다
초병처럼 폐허의 운동장을 지키는
탱자나무 울타리
날아가는 새의 심장이라도 찌를 듯
시퍼런 가시를 세운 탱자나무가
아직도 눈 부릅뜨고 폐교를 지킨다
바람에 녹슨 교문이 흔들릴 때마다
탱자나무 가시 창칼처럼 일어선다
그리운 아이들 웃음소리가
탱자나무 가시 끝에 깃발처럼 나부낀다

후리지아

이른 봄 꽃밭에서 가장 먼저 눈뜨는 꽃
노란 후리지아
넌, 티 없이 맑은 눈빛과 마음을 가진
소녀
기분이 금계랍을 먹은 듯 못 견딜 지경으로
알싸할 때
너의 이름을 불러본다
후리지아,
마음이 개기월식 때처럼 캄캄할 때
너를 그리워한다
후리지아,

상큼한 세상이 그리울 때
따뜻함이 그리울 때
후리지아,
후리지아,
한참을 부르고나면
마음속에서 화르르 피어나는
노란 후리지아 소녀
추억 속의 자화상

꿈같은 풍경

하얀 목화 꽃 벙글벙글 피어나는
꿈같은 언덕
동글동글 다래열매
조금씩 여물어 가고
쫑긋 귀 세우고
엿보는 토끼들

하얀 목화 꽃 벙글벙글 피어나는
평화로운 언덕
햇살 좋은 날

토끼들 주섬주섬 풋다래를 따서
두 발로 움켜쥐고 볼 터지도록
오물오물 잘도 먹는 입
몰래 지켜보는 내 입에서는
신물이 돌고
하늘과 바람과 목화 꽃이
몰래 지켜보는 언덕에서
토끼들 볼 터지도록
다래 훔쳐 먹는 풍경

파도

한여름 모래처럼 모여 들더니
썰물처럼 떠나버린 사람들
파도는 흰 거품을 물고
밀려왔다 밀려가고
또 밀려오고
해마다 만나고
해마다 헤어져도
연습되지 않는 만남과 이별
목 메이게 쏴아, 쏴아,
울어도, 울어도,
그치지 않는 소리
뼛속 시리도록 그리워서
제 몸을 부수는 파도

옹기와 진달래

빈항아리에 진달래꽃 한아름 꽂았다
이 구석 저 구석으로 쫓겨 다니던
볼품없는 옛날 갈색옹기
한때는 된장, 간장, 고추장을 품고
당당하게 장독대를 지켰던 단지
쓸데없는 옛날 옹기 항아리를
늘 귀찮게 여기다가
진달래 꽃 한아름 꽂았더니
더도 덜도 말고 딱 어울린
맞춤 형 진달래꽃항아리가 되었다
당당하게 거실을 차지한
현대식 꽃 항아리

낙엽이던가

이산 저산 온 세상 산에서
고운 단풍이 비처럼 내린다
언니와 함께 강둑에 앉아
단풍 비를 맞았다
고운 단풍이 아니다
낙엽이다.

'내님은 누구일까, 어디 계실까'를 노래하던 시절
있었더니
벌써 언니의 님은 홀로 먼 산을 넘어가더니
돌아올 줄 모른다
그는 낙엽이던가

모과의 슬픔

청명한 가을 하늘
높다란 가지에
찬란한 별처럼 빛나는 열매

울룩불룩 불균형한 얼굴로
천상의 향기를 발산하는
샛노란 빛깔

'천상의 향기라도 못 생긴 건 별 수 없어'
향기에 취했다가 고개를 흔들며
돌아서는 사람들

내 딸이라면 당장
사과처럼 성형수술이라도 해주고 싶은 심정

늦가을 소나타

바람이 부지런히 나뭇가지를 흔들고
가볍게 떨어지는 나뭇잎들
하늘이 점점 높아지고
새들의 울음소리 하늘이 금이 갈 듯
청량하게 들려온다
모두들 사색가가 되고
떨어진 나뭇잎은
한 장 한 장
고귀한 철학서가 된다

바람이 부지런히 나뭇잎을 굴리고
사르락, 사르락,
이별가를 부르는 나뭇잎들
허공중 높이 바람 타는 나뭇가지들
빈 가지 흔들리는 서운함

낙엽, 사람들 옷깃에 앉아도 보고
머릿결을 쓸어도 보고
마음속을 만져도 보고
정들었던 일 년을 추억하는가

모두들 사색가가 되고
이리저리 거리를 헤매는 낙엽
세상의 발등을 넘어
사락사락
먼 길 가는 소리

하얀 눈

소리 없이
눈이 내린다
평화롭게 아름답게 눈이 내려
차곡차곡 쌓인다
사람들 재밌게 눈을 밟는다
뽀드득 뽀드득
발밑에 밟히는 소리
사람들 더 재밌게 눈을 밟고간다
뽀드득 뽀드득
발밑에 밟히는 아픈 소리
밟힐 때는 무엇이든 소리를 내는 거지
악을 쓰는 거지

꽃샘추위

봄빛 어른거리는 창가에
벗은 나무들
파릇파릇 움이 돋아나지만
나무들 아직 수묵화를 닮았다

자라목, 잔뜩 움츠린 목덜미를
요격하는 바람 끝
뼈 속까지 침범하는 추위

하늘 저편에서는
희망 햇살을 다듬는 소식

수평선

하늘과 맞닿은
수평선 저 끝자락
한 치 어긋남 없는 선을 따라
사람들은 꿈을 꾸었나 보다
이 세상 날마다 다듬어 고치고
시시각각 바로 고쳐도
비뚤어지고 틀어지고 마는지라
하늘에 맞닿아 한 점 어긋남 없는
저 수평선처럼 살고 싶어
사람들 꿈을 꾸었나 보다

하늘과 가까워 하늘을 닮은 선
시작과 끝의 선
오늘도 그곳에서 해가 뜨고
그곳으로 해가 진다

홍학

붉게 물든 나일 강 저녁
붉은 참꽃 같은 홍학 수천 마리
떼 지어 내려앉는 소리
휘익, 휘익,
회오리바람 치듯
요란하다
붉게 물든 저녁 나일 강
붉은 홍학 떼를 안고
불꽃 강이 되었다

바람이 불고 물이 흔들리고
어둠 속 나일 강의 불꽃
미끄러지듯 군무를 한다

가을 편백나무

새빨간 나뭇잎
하룻밤 새에
단 한 개비 침 엽 하나 남김없이
한꺼번에 물들었다
살아도 함께,
죽어도 함께 하자고,
한 날 한 시에 떠나자고,
굳게 약속했나보다

늦가을 바람이 쏴아, 불고
우람한 편백나무 새빨간 나뭇잎
비 오듯 떨어져 쌓인다
나, 빨간 나뭇잎을 애써 피해 걷는다
고귀한 약속을 밟아선 안 되리라
발아래 함부로 밟아선 안 되리라

바다

세상의 물이란 물은 모두 바다로 모인다는데
산에서 들에서 물이란 물은 모두 바다로 모인다는데
강이란 강물은 모두 바다로 모인다는데
바다는 언제나 그 무게 그대로 있네
바다는 언제나 그대로 짠 물이네

싸리 꽃

만수산 먹구름 검게 내려앉고
비를 잉태한 바람이 불지만
싸리 꽃 헉헉 숨을 몰아쉰다
올까말까 애를 태우더니
굵은 눈물처럼 뚝뚝 비가 떨어지고
확 소나기가 쏟아진다
고열에 시달린 어린 싸리 꽃
작은 입을 열고
흠씬 비를 받아먹고 있다
빗속에 붉게 핀 싸리 꽃
고향 생각,
유년 생각이
싸리 꽃처럼 활활 피어난
우중의 만수산 중턱

제 2 부

가을밤과 숲

캄캄한 가을 밤 숲
귀뚜라미 풀잎 치는 소리
바스락, 바스락,
나뭇잎 떨어지는 소리
탁, 탁,
열매 떨어지는 소리
이 가지에서 저 가지로
잔솔에 걸린 달이
살랑살랑
빠져나가는 소리

청솔가지 바람 타는 소리
청설모들 솔잎 씹는 소리
산토끼 오줌 누는 소리
바위에 밤이슬 내리는 소리
잠 못 든 암새들이
호르륵 쪽쪽,
호르륵 쪽쪽,
수컷 부르는 소리

한여름 삽짝에서

대청마루 밑에 길게 누운 삽살개
벌렁거리는 배를 깔고
낮잠을 잔다
텃밭 고추는 시시각각 붉게 익어간다
구수한 콩국수 한마당 차려지고
보름달 같은 배을 안고
삽짝에 아낙네들 모여앉아
너도나도 부채질 바람을 피운다
큰 부채 작은 부채
큰 바람 작은 바람이
구수한 콩국수와 함께
왁자하게 어우러지고
잠에서 깨어난 삽살개
빙빙 돌며 짖어댄다

나비

나비가 출구를 찾아
이리저리 날아본다
출구는 없다
벽에 부딪쳐 날개가 찢어진다
벽에 부딪쳐 팔다리가 부러진다
손가락이 부러지고 발가락이 부러지고
입이 터지고 심장이 찢어진다
제자릴 맴돌다 맴돌다
제자리에 쓰러져 눕는 나비
아무도 없는 독방에
하얗게 쏟아져 쌓인 한숨

운동장과 깡통

깜깜한 밤
널따란 학교 운동장에서
빈 깡통이 축구놀이를 하듯
혼자서 구른다
바람 따라 이리저리 마음껏 구르는 깡통
고요한 밤
요란한 소리
텅 빈 속
말 못할 서러운 심정?
마음껏 혼자 소리치며
이리 구르고 저리 구른다
교정의 나뭇잎들 위로하듯
우수수 떨어져 함께 구른다
구른다고 다 소리를 내는 것은 아니다

손톱 달

높은 중천에 저 작은
파편 하나
하나님이 손톱을 깎았나?
아니, 천사의 손톱일 게다

너무 넓은 곳에 너무 작아서
더 잘 보이는
조각 하나
내 생각의 깊이에서
밤새워
생각을 낚아 올리는
예쁜 낚싯바늘

고로쇠나무의 울음소리

한겨울 고로쇠나무
으드득 으드득 어금니를 갈며
발을 구른다
거미줄 같은 링거 줄을 타고
조르륵 조르륵
물관을 따라 물 내려가는 소리
허리 아래를 지나 발밑까지
투석을 하듯
몸속의 물이란 물 모조리
뽑아내는 중
고로쇠나무 우우우 울음소리
겨울바람을 타고
우우우 산을 타는 소리

새들의 울음소리

산새는
산, 산, 산,
산에서 살아 가볍게 운다
물새는
물, 물, 물,
물에서 살아 무겁게 운다
새들은 사는 곳에 따라
울음소리도 달라지는가

산새는 산열매를 먹고
명랑하게 운다
물새는 물속의 물고기를 먹어
먹먹하게 운다
새들은 먹는 것에 따라
울음소리도 달라지는가

종소리와 스마트폰

땡, 땡, 땡,
종소리가 울리면
우르르 쾅쾅
지진이 나듯 제자리를 찾아가는 아이들
종소리 하나에 일사불란하게 질서를 찾던 시절
스마트폰에 고개 처박고 있는 요즘 아이들
지구가 거꾸로 돌아도
눈썹 하나 까딱하지 않는 아이들
쓰나미가 덮쳐도
꽝꽝 귀 먹은 아이들
어디 땡, 땡, 땡, 그 종소리 없을까
시대는 지금
지독한 스마트폰 내성이 중첩되고
아이들을 움직이는 것은
오직 스마트폰 하나

미안하다 싸리나무

그게 싸리나무의 눈물인 줄 몰랐다
싸리 꽃 필 무렵 언니와 함께
뒷동산에 올라가
싸리나무를 똑똑 꺾으면
싸리나무는 하얀 진액을 눈물처럼
뚝뚝 흘렸다
언니와 함께 나뭇잎에 싸리나무 눈물을 받아
희희낙락 눈물을 받아 손톱에 발랐다
깨끗한 봄 햇살에
반짝반짝 빛나는 손톱
부러진 싸리나무 상처에서는
끈적끈적한 하얀 눈물이 계속 흘러내리고
언니와 나는 봄 내내
손톱 자랑을 하고
그 끈적끈적한 하얀 진액이
그땐 그것이 싸리나무의 눈물인 줄
알지 못했다
미안하다 싸리나무

산골 오두막

깊은 산골 오두막 한 채
산새소릴 들으며
고즈넉하게 앉아 있다
풀 마당에서
나이가 아주 많아 보인 노 부부
주름진 얼굴로 마주보며
들국화처럼 웃는다

아침저녁 하얀 연기
산바람을 타고
마술처럼 피어오른다

캄캄한 밤중
산골 오두막 장지문 불빛
숲 속에 숨어있는 큰 별이다
방에서는 도란도란 주고받는 말소리
노루 한 마리 마당에서
엿듣고 있다

연어 알 같은 조밥

한여름이면 늘 조밭은 사막이 되고
비탈진 밭을 서성이는
엄마의 속이 까만 숯덩이로 변해갈 즈음
우르르 쾅, 쾅, 천지를 흔드는 천둥소리와 함께
드디어 소나기가 쏟아지는 날
엄마는 조 모종을 비탈진 밭에 심었다
서너 가닥씩 모종을 잡아 꼭꼭 눌러 심은
엄마의 손길만큼이나
알알이 여물어
누렁이 꼬리처럼 둥글게 꼬리를 내리는 가을
조 이삭 타작마당,
황금 알 같은 좁쌀이 금싸라기처럼 쏟아져
멍석 가득히 쌓이고
하얀 사기 밥그릇에 연어 알처럼 소복이 담긴
노란 좁쌀 밥,
지금은 마트에 가면
몇 홉들이 작은 봉지에 약재처럼 담겨있는
노란 좁쌀

추억은 세월을 먹고 진주가 되네

내 기억의 한편을 장악한 그날
경북 끝자락 청양산 아래
첩첩산중 북곡초등학교
깊은 산골을 메울 듯
한겨울 노상
펑펑 흰 눈이 내리고
아이들은 유리창에 코납작이 얼굴을 대고
창밖을 바라보면
나무들은 제 각각 눈꽃을 피워 자랑하고
교정에서 제일 작은 싸리나무 싸리 눈꽃이 제일 예쁘다고
손뼉을 치며 좋아할 무렵
푸드득 산비둘기 날아와 눈꽃을 털고 다니는 심술
귀를 쫑긋 세운 산토끼는
무슨 소식을 들을 양, 사뿐사뿐
아담한 교정 마당에 발자국을 찍으며 두리번거리고,
어미노루는 새끼를 달고 어정어정 걸어와
교실 안을 기웃거렸다

전 학년이 합반한 두 칸 교실에서는
장작불 난로 타는 소리 탁탁 불똥이 튀고
형제들처럼 오빠 언니라 부르며 모여 앉은
아이들
얼굴이 발갛게 달아오른 아이들 얼굴엔
꿈이 함께 달아오르고
밖에서는 계속 눈이 내려 쌓이고

콩밭과 할머니

신 새벽부터 해질 녘까지
등 굽은 할머니는 콩밭을 메고
장끼, 토끼, 노루는 신 새벽부터 해질 녘까지
콩밭을 노린다
노란 콩대궁이가 쏘옥 올라올 때쯤이면
할머니도 짐승들도 모두 긴장한다.
할머니는 호미소리를 크게 내며 짐승들을 쫓고
짐승들은 저마다 꾀를 낸다
장끼들은 떼를 지어 이리저리 흩어져 앉아
한 무리가 할머니의 관심을 다른 데로 돌리겠다고
껄껄 소리를 내면, 한 무리는 잽싸게 콩밭을 습격한다
그 틈을 타,
말없는 토끼는 소리 없이 밭고랑을 탄다
키가 큰 노루는 먼 산을 보는 척하다가
등 굽은 할머니가 장끼를 쫓으려고 어렵게
등을 펼 무렵
콩대궁이를 싹둑싹둑 잘라 삼킨다
"그래, 저것들도 먹어야 살지럴"
마을에서 가장 인심 좋다는 할머니,
밭고랑에 주저앉아 모른 척 눈감아주고 만다

칠월

짙푸른 녹음 덮인 푸른 산
칠월엔 산도들도 청춘이지만
칠월엔 바람도 청춘이지만
하늘은 말없이 너무 높구나

삼단 같은 머리에 붉은 댕기 드리우고
열두 폭 남치마 남실남실 날리며
구름 타고 바람타고 날아간 새야
칠월의 푸름을 타고
연기처럼 사라진 어여쁜 새야
해마다 칠월이면 넌
어느 하늘 아래서
푸른 날개를 펼치느냐

가을 계곡에서

옹달샘 같은 가을 산 계곡에
빨간 단풍 떨어진 데는 빨간 물
노란 잎 떨어진 데는 노랑 물
푸른 잎 떨어진 데는 푸른 물
그 아래로 어린 송사리 떼들
가끔은 들국화 꽃잎도 날아와
사뿐히 뜬다

살다보면 어느 곳이 깊게 패이고
거기에 진한 무엇이 고이듯
옹달샘 같은 계곡물
제 나름 가을 서사시를 쓰고 있다
무릎을 모으고 쪼그리고 앉아
물을 바라보던 내 눈에서 눈물이 흐른다
내 눈물 색깔은 무슨 색일까?
계곡 물에 손을 담근다
송사리 떼들 와르르 모여들어 손끝을 쫀다
전기가 통하듯 찌르르 전신을 타고 흐르는
나의 서사시,
어디에 무슨 말인가 하고 싶은 마음

새벽길

숲에서 새들 막 잠을 깨고
아직 아무도 건드리지 않은 고요한 시간 속을
홀로 걷는 새벽길
성경을 옆에 끼고 새벽기도 하러 가는 길
'내 주를 가까이 하려함은 십자가 짐 같은 고통이나'를
반복하던 옛 음악종소리를 생각만 해도
벌써 충만해지는 은혜
뜨거워지는 마음
미워했던 그들을 사랑하고 싶은 마음
용서할 수 없었던 그들 손목을
덥석 붙잡고 싶은 마음이 자꾸 용솟음치는 순간
그것이 작심 삼초 삼 분이라도
한 알의 구슬을 낳는 순간
새벽마다 한 알씩 구슬을 낳아 한 줄에 꿰어 목에 걸면
보배로운 구슬목걸이

무늬

떡살이 예뻐야 예쁜 떡이 나왔다
국화꽃무늬며 동그란 원 안의 亞자 모양이며
갖가지 모양이 새겨진 절편을 먹을 때면
문득 떡살이 궁금했다
광으로가 떡살을 하나하나 살피며
절편에 찍힌 무늬와 대조해 보았다
떡살이 닳아빠진 것은 무늬가 흐리고
떡살이 멀쩡한 것은 예쁜 떡 무늬를 찍어냈다
엄마는 가끔 닳아빠진 떡살을 골라 내버렸다
못생긴 떡살을 골라 내버릴 때마다
'보기 좋은 떡이 먹기도 좋은 법이지'라는
말을 곁들여 가면서
세상의 수많은 발자국들
예쁘고 아름다운 발자국들 가운데
내 발자국은 버려진 떡살 같은 것이라는 생각
아름다운 국화꽃 무늬가 새겨진 절편을 먹을 때마다
눈물이 나는 까닭

까마귀

폭염이 사라진 하늘가
까악! 까악!
하늘 높이 울려 퍼지는
까마귀 울음소리
떼 지어 하늘 가슴 울리는
청량한 공명

새라고 다 하늘 높이 울던가
태어나 한 번 하늘 가슴 울리도록
울어볼 수 있다면
저토록 청량한 공명으로
까악! 까악!
하늘 가슴 울릴 수 있다면

까악! 까악!
하늘 가득 울리는
청량한 울음소리
속 시원히
어디론가 날아가는 까마귀 떼

제 3 부

세월

세월 가는 소리 환히 들리네
푸르던 나뭇잎 떨어지고
앙상한 나뭇가지 하얀 눈꽃 가지 훌훌 털며
까치 우는 소리
이산 저산에서 바람 타는 나무들
삐걱, 삐걱,
관절마다 뒤틀리는 소리
내 머리 모공에서는
도둑 같은 흰머리
소곤소곤
몰래 흰머리 돋는 소리

땅

수백 층 건물, 산, 바다,
세상의 무거운 것 다 이고지고
안고 사는 땅
세상의 물이란 물 다 품고 사는 땅
뒤집고 밀고 뚫고 탕탕 철근을 박아도
말 한 마디 없이
묵묵한 땅
그곳에서 싹 나고 열매 열리고……
땅을 볼 때마다 터져 나오는 말
엄마

시인의 말

새봄에 새잎처럼 찾아오기 시작한
단아한 시집들
시집을 읽을 때마다 맨 먼저 읽어보는
시인의 말에
모두들 낮고 작은 풀잎이라는
겸손한 말
은근하고 따뜻한 말
더 우러러 보이고
더 고귀해 보이는 말
'이렇게 살아야 하는가 보다'라고
고개를 끄떡일 무렵
불쑥 쳐들어온
함께 차 한 잔 마시고 싶은 마음
새봄에 맨 먼저 딴다는
새의 혀 같다는 새작을 마시며
봄풀처럼 청량한 말 주고받고 싶은 마음

바위

걸핏하면 무덤덤한 사람을 일러
'木'이라 말했네
나무는 살아 나처럼 나이를 먹고 있는데
나처럼 이모저모 바람에 시달리는데
나처럼 나뭇잎이 변하여 떨어지는데
나무야 그렇다 치고,

걸핏하면 무감감한 사람을
'石'이라고 말했네
바람 불고 비오는 날
바위도 차고 슬픈데
햇살 좋고 고요한 날
바위도 따뜻하고 기쁜데
바위에 앉아 유심히 바라보았네
바위는 색깔로 나이를 먹고 있었네

아모르 강이 흐른다

멀리 지평선을 빙 둘러친 먼 산은 아주 작아 보인다
하늘은 구름장을 날리며 무심히 강을 내려다 볼 뿐
굽이굽이 수천 갈래 물 구비
생사의 갈림길,
말이 없는 곳
다만 처절한 아모르 강이 흐른다
동부 아시아에서 가장 긴 강
아모르 강을 건너야 사는 짐승들
집채만 한 코끼리 떼들 풍덩 멱을 감고
분수대 놀이를 하기도 하지만
낭만이 아니다
강 건너 파릇파릇 돋아나는 초원을 향하여
질주하는 무리들
수십만 마리 누우 떼들의 초를 다투는 질주
먹이를 노리며 물속을 유영하는 악어 떼들
누우를 집어 삼키는 악어들
그래도 강을 건너야한다
나도
지금 아모르 강을 건너야 한다

말똥가리 새

땅에 내려 앉아
고개를 갸우뚱 앞발로 눈썹을 털더니
하늘 높이 날아오른다
들판 한가운데서 비행을 하다 뚝 멈춘 채
전기비행을 하며 아래를 살핀다
논둑을 가로지른 쥐 한 마리
한눈에 포착
획, 단숨에 낚아채더니
가시에 꿰어 말린다
저 높은 곳에서 아래를 보는
새의 눈
한눈에 세상을 내려다본 새들에게
지금 세상은 어떤지 물어보고 싶다

봄으로 가는 길

눈 속을 헤치고 찾아온
하얀 옥매화
아직 문풍지 떠는 소리
봄이 무서워
부르르, 부르르, 떠는 소리

바람 속을 헤치고
불쑥불쑥 피어나는 꽃들
거친 바람과 꽃의 싸움
겨울바람 산 너머로 울며불며
사라지는 소리, 우우우
부드러운 것이 강한 것을 이겨낸
승리의 축제
보슬비 세상을 적시는 소리
보슬보슬

보름달

추석 보름달,
드넓은 창공에 홀로 찬란한 빛
저 둥근 달
살아오면서 질릴 만큼 보아왔는데
볼 때마다 새로운 달
언제나
모양도 색깔도 크기도 똑같은데
볼 때마다 감탄하는 달
텅 빈 속에
둥근 달을 품는다
가득 찬 속
캄캄한 속에 둥근 달을 품는다
환해지는 속

바람이나 타는 수세미

학교 운동장가 낙석을 막기 위해 쳐놓은 철조망을 타고
주렁주렁 잘 생긴 수세미들이 매달려있다
바람에 흔들흔들
건강한 몸을 흔들며 사람들을 유혹하지만
아무도 눈길 주지 않는 수세미
부직포수세미, 망사수세미, 철수세미, 알록달록 나일론 털
실로 짠 꽃무늬 형, 꽃방석 형, 주머니 형, 종 모양, 모자 모
양, 원피스 모양 등등 가짜 수세미가 즐비한 세상이라
누구 한 사람 거들떠보지 않는 진짜 수세미가
할 일 없어 바람이나 타고 있다
하긴 꽃도 만드는 세상
가짜는 가깝고 진짜는 멀어진 세상
진짜 수세미 보란 듯이 더 잘 생기고
더 건강한 몸을
바람에 흔들흔들

그리움

한여름 태양이 뜨겁다고
사람들 나무그늘에 숨는다
헉헉 숨을 몰아쉬며 바다로 뛰어든다
그리움만 할까
가슴을 까맣게 태우는
그리움만 할까
그리울수록
그리울수록
쇠를 녹이는 용광로 천도 불꽃처럼
가슴 속 뼈를 녹이는 그리움만 할까

비가 오는 날

한 여름 오후
갑자기 쏟아지는 소나기
흠뻑 젖은 여고생들의 하얀 교복
착 달라붙은 상의 하얀 교복 밖으로
봉긋 솟아오른
푸릇푸릇 연둣빛 언덕
금방 꽃이라도 피울 듯
두근거리는 움직임
그 옆으로
축 처진 늙은이로 서 있는
나
한 발 물러서서 허공을 바라본다

개미

개미들이 떼로 몰려 콩알만 한 흙덩이를 굴린다
공처럼 도르르 잘도 굴러가는 흙덩이
도중에 탈락하는 개미들이 있다
탈락자는 두고 계속 흙덩이를 밀고 가는 개미들
계속 탈락하는 개미들과 계속 굴러가는 흙덩이
중도 탈락자들을 돌아볼 겨를이 없는 개미들
목적지까지 흙덩이를 옮겨야 하는 개미들처럼
우리 오늘을 살아가고 있다

산실에서

극한 고통의 끝
경이로운 울음소리
인생에게 단 한 번만 주어진
감격과 환희의 울음

울음의 시작과 끝
이제부터 눈물은 슬픈 것
감격과 환희의 울음소리는
까맣게 잊혀 진 전설
마지막 떠나는 길
슬픈 울음소리

메밀꽃

가을하늘 아래 눈꽃처럼 핀
하얀 메밀꽃
누구는 '소금을 뿌려놓은 것' 같다고 했지만
하얀 함박눈꽃
벌떼들 잉잉대는 소리
멋진 오케스트라 연주
엄마는 김을 매느라 밭고랑을 타고
열아홉 살 소녀는 꿈을 꾸었지
메밀꽃 같은 화관을 쓰고 시집가는 꿈
잉잉대는 벌떼들의 연주처럼
아름다운 음악에 맞추어
좋은 신랑의 손을 잡고 시집가는 꿈
메밀꽃밭에 들면 소녀는 처녀가 되었지

보리밭

황금빛 보리밭
차르르 차르르
물결치는 소리
아버지 출장 갔다 돌아오실 때를 맞추어
배를 띄우고 싶었다

온종일
밭머리에 나가 기다리던 시간
멀리 황금빛 보리 물결을 헤치며
손을 흔들며 바삐 오시는 아버지
아버지는 황금 배를 탄 귀한 손님

황금빛 보리밭
굽이굽이
차르르 차르르 물결 타는 소리
지금도 황금 배를 타고 손을 흔들며
다가오실 것만 같은 아버지

날개

새로 옷 한 벌 사 입었다
새처럼 날아갈 것만 같은 기분
천근 무거웠던 마음이
한 근도 채 못 된 듯
사뿐거림
새 옷을 입고 걸어가는 걸음
바람에 팔랑거리는 옷
정말 날개가 되려나

제 4 부

안개비

안개비가 내린다
안개꽃이 꽃잎마다 구슬을 달고
뽐을 낸다

안개꽃밭 옆, 사래긴 콩밭 콩깍지들
방긋방긋 열어놓은 입술을
꼭꼭 다물기 시작한다

세상엔 다 좋은 것도
다 나쁜 것도 없는 탓에
안개비, 안개꽃은 반기고
콩깍지는 거부한다

무명실꾸리

엄마가 돌돌 감아 만들어 준 실꾸리
어려서는
길고 긴 실처럼 명 길게 살아달라고
시집갈 때는
흰머리 파뿌리 될 때까지
오래오래 백년해로 하라고

색동 실 곱게 싸서 정성껏 만들어주신 실꾸리
엄마 소원대로
나, 백년해로 하며 실꾸리 실 풀어본다
엄마의 소원이 끝도 없이 풀리는 실꾸리
엄마 가신지 수십 년
아직도 끝나지 않는 엄마의 기도

영원한 것

하늘색 곰보 나일론 치마에
하얀 곰보 나일론 저고리를 입고
동동 구리무에 코티분 바르고
아주까리 머릿기름 발라 참빗으로
정갈하게 머리 빗어 올린 엄마는
영원한 나의 하늘이었다
나도 엄마처럼 고운 여자가 되어야지
나도 엄마 같은 정갈한 여인이 되어야지
언제나 제자리에 있는 하늘처럼
하늘색 곰보 나일론 치마에 하얀 곰보 나일론 저고리를 입고
동동 구리무에 코티분을 바르고 아주까리 머릿기름 발라
참빗으로
정갈하게 머리 빗어 올린 엄마일 줄 알았다
늙을 줄 몰랐다, 죽을 줄은 더욱 몰랐다
엄마는 제자리에서 영원할 줄 알았다
눈처럼 흰 수의를 입고 염주를 들고
엄마가 그 비좁은 목관에 누워 내 곁을 떠나시던 날
나는 바람의 얼굴을 보기위해
바람을 잡으러 온 세상을 헤맸다

높은 산

알프스 산맥
마터호론 산 어깨까지 해발 7200미터
하늘을 뚫고 치솟아 오른 정상의 끝
세상을 한눈에 내려다보는 거대한 촛대다
촛대에 구름이 휘감기고 바람은 피해 달아난다
저 거대한 촛대 끝에
소망의 불을 켜고 싶은 사람들
산도 높이 올라야 소망을 이룰 수 있다고 믿는
사람들
신과 가까워지고 싶은 사람들
일 년 365일 동안 오를 수 있는 날은
고작 20여일 정도
어쩌다 기회가 주어지고
개미처럼 줄지어 사람들이 기어오른다
우르르 떨어지는 낙석들
굴러 떨어지는 바윗돌
우우우, 우르릉, 동서남북을 울리는 소리
신기가 동하듯 산이 우는 소리

거울 속의 엄마

막내로 태어난 탓에 엄마는 처음부터
중년이었다
언제나 머리를 쪽지고 비녀를 꽂은
나이가 지긋하신 엄마 얼굴

그때 엄마처럼
한여름 더위를 못 이겨 긴 머리를 걷어 올리고
거울 앞을 지나가는데
휙, 나처럼 거울 속을 지나가는 엄마
걸음을 멈추고 다시 돌아와 거울 속에서
엄마를 찾았다
엄마처럼 서서 나를 바라보는 내 얼굴
어느 새 엄마 나이를 먹어버린 얼굴

억새

어떤 인생처럼 짓눌렸나 보다
무엇이 숨통을 꼭 쥐고 평생을 쥐락펴락 들었다 놓았다
재밌게 조롱하고 우롱했나보다

그리하여 가슴에 쌓이고 쌓인 말
할 말이 너무 많으면 말이 나오지 않는가보다
가을 억새들, 훠이 훠이 하얀 한숨만 토해낸다
바람에 서걱서걱 뼈마디 가는 소리
오죽하면 허공중을 향하여
흰 구름 같은 흰 머리 훨훨 연기를 피우랴
서걱서걱 뼈마디 부셔지는 소리
머리끝부터 발끝까지 파삭파삭 내려앉아
흔적 없이 날려버리는
억새의 최후

어울림

남풍은 날개 펴 물결을 스치고
실개천 송사리 떼 물속을 헤엄치고
물위에 동동 뜬 하얀 찔레꽃

실버들 가지 내려 송사리 낚시질
참꽃 꺾어들고 개울가에 선
아홉 살 소녀도 또 하나의 봄

파도리

하늘과 바다만 만나는 섬 중의 섬
서해안 파도리 쏴-아, 쏴-아,
노래하며 춤추듯 밀려오는 파도
파도가 예뻐서 파도리라고 이름 지었다는
아주 작은 섬
소박한 해변 절벽도 순하다
파도에 깎인 안방 같은 동굴
둘이서 속삭임하고 싶은 곳
생태기 보호구역 '바람 아래'의 보호 받으며
할미섬 모래 숲에 객매꽃이 화사하다
길도 갈래갈래
바람길, 소원길, 노을길, 지그재그 모랫길,
눈에 삼삼이는 예쁜 섬 파도소리

문자 보내기 풍경

여기저기서 문자 보내기
이방에서 저 방으로
저 방에서 이방으로
뽁, 뽁, 뽁
세상은 온통 문자 보내는 풍경
지하철에서 버스에서 길에서도
고개를 15도쯤 겸손하게 숙이고
두 손을 앞 가슴께에 공손히 모으고
스마트 폰으로 문자 찍는 소리
뽁, 뽁, 뽁

세 살 먹은 수민이도
뽁, 뽁, 뽁, 문자 찍기
엄마 아빠에게도 문자
할머니 할아버지에게도 문자
삼촌 이모 고모에게도 문자
세 살 먹은 손자 수민이가
말 배우는 소리
뽁, 뽁, 뽁,
저 아이들이 자란 세상은
먹는 일 말고는 입이 소용이 없을 듯

밤기차

기차가 까만 밤을 달린다
바람들이 비켜선다
하늘과 땅의 경계가 사라진 시간
산과 들과 길의 경계가 사라진 시간
모두 함께 깜깜한 밤은 평등이다
높낮이를 구분할 수 없는 밤은
서로 하나이다
좋다, 안락하다,
평등해서서 좋다
서로 하나라서 안락하다
밤기차는 까만 밤을 뚫고 달린다
무엇에 얽매일 때나
무엇에 꽉 눌릴 때는 밤기차를 타라

가을 나무

가을 나무들
나뭇잎을 노랗고 빨갛게 물들여
편지지를 장만한다
늦가을 바람이 불고 편지를 부친다
일 년 동안 잘 살았노라고
감사 편지를 부친다
일 년 동안 그리웠노라고
연애편지도 부친다
산 나무는 산 나무끼리
가로나무는 가로나무끼리
늦가을 쌀쌀한 바람을 타고
나뭇잎 편지를 부친다
이리저리 구르는 나뭇잎 편지를
편지 쓰지 않는 무정한 사람들이
꼭꼭 밟고 간다

다락방과 소녀

어려서 숨바꼭질하기에 좋았던 다락방에서
유태인 소녀 안나가 숨어 일기를 썼고
스피노자며 니체며 키에르 케고르 등
유명한 철인들이 지혜를 깨달았다는 걸 알고부터
꿈을 꾸었지
열린 문틈 사이로 새어든 황금빛살처럼
찬란한 업적을 남긴
다락방철인들을 상상했지
세라복 하얀 줄무늬 카라를 얌전히 맨
중학생 소녀는
이다음에 시인이 되려는 꿈을 꾸었지

인생은 기차처럼 정해진 선로를 따라
똑바로 달려가는 줄 알았지
주변의 아름다운 산과 들을 바라보며
꽃과 풀과 나무를 바라보며
똑바로 가는 줄만 알았지

꿈은 사라지고 다락방도 사라지고
모든 것이 끝나버린 어느 절벽에서
나, 시인이 되었네
솜털 살랑이는 중학생은
늙고 병들고 절름거리는 인생
후미진 어느 벼랑 끝에서
시인이라는 동아줄을 잡았네

통통배

태양이 쨍쨍 내리쬐는 한여름 바다
끝없이 넓은 바다를
언제 가려나 작은 통통배
넘실넘실 물이 넘칠 듯
착 가라앉은 배
고달픈 서민들처럼
짐이 버거운가보다
무정하게 덮치는 파도
이리 까불,
저리 까불,
조롱당하는 인생처럼
까불어대는 슬픔
통통배 험한 바다를 까불까불
그래도 간다

청보리밭을 지나며

파란 청보리밭에 봄비가 내린다
보리들 후드득 후드득
비 맞는 소리
보릿대를 뽑아 입에 물지 않아도
슬픈 피리소리
보리피리 불며불며 남도로 내려간
한하운 시인의 시가
봄비를 맞고 청보리처럼 푸르게
피리를 분다
비오는 날 벌건 황토 흙을 밟으며
울며울며 남도로 내려갔다는 시인이
지금 후드득 후드득
보리피리를 불고있다

봉선화 피면

한여름 봉선화 빨간 꽃 피었다
봉선화에 백분가루 넣어 콩콩 찧어
내 손톱에 얹고 피마자 잎으로 처매주시던 엄마
엄마 생각에 해마다 손톱에 꽃물 들인다
흔해빠진 매니큐어 마다하고
엄마처럼 봉선화 꽃잎 따서
백분 넣고 콩콩 찧어 손톱에 처맨다
내 추억 깊은 곳에
꽃잎 같은 흔적 남겨놓고 가신 엄마
봉선화 피면 꽃처럼 피어나는
다정한 손길

오렌지주스와 유리잔

유리로 된 팔각 잔에
노란 오렌지주스가 담겨져 나왔다
팔각으로 다듬어 놓은 노란 보석이다
내 잔은 평범한 둥근 잔,
옆 사람 잔은 육각 잔
육각형 보석
그 옆 사람 잔은 오각 보석
옆옆 사람 거는 사각 보석
어떤 잔은 허리가 꼬이고 어떤 잔은
상체가 뒤틀리고……
흔해빠진 오렌지주스를 가지각색 잔으로
진귀한 보석을 만들어내고 있는 별난 커피숍
누군가 외치는 말
'이거 각자 인생살이 모양 같지 않아?'
팔각에 담기면 팔각으로
육각 오각에 담기면 육각 오각으로 변하는
오렌지 주스 잔처럼
인생살이도 삶이라는 갖가지 잔에 따라
모양이 변한다는 걸 생각하며
나에게 주어진 둥근 잔을 바라본다
보석 같지는 않아도 편해서 좋다

제 5 부

장작불

동그란 꽃송이 같은 파란 가스 불을 최대치로 켜놓고
폭이 넓은 국 냄비를 얹었다
가스불은 냄비 아래서 납작하게 깔려버렸다
파란 꽃잎부리만 삐죽삐죽 보일 뿐이다
답답해진 마음속으로 너울너울 타오른
장작불 불꽃!

안동골 내 고향 가마솥 걸린 아궁이에서
윙! 윙! 맹렬하게 타오르던 불꽃은
청춘의 청춘이었다
태풍 같은 불꽃은
건드리면 톡톡 불똥을 튀며 화를 내던 불꽃은
어쩌면 정의를 위한 열정 같았고
불의에 대한 분노 같았다
한껏 달아오른 가마솥은 미친 듯 거품을 뿜어내고
장작불은 가마솥에 구수한 밥을 짓고서야 그치고
불꽃의 여운 잉걸불 위에
지글지글, 살집 좋은 안동 간 고등어 굽는 냄새

고등어가 노릿노릿 익어갈 즈음
미소 짓던 엄마

장작불 앞에서 나는 곧잘 생각하는 사람이 되었다
'어린 것이 무슨 생각을 그리 하노?'
몸도 마음도 따뜻해지는 아궁이 앞에 앉아
활활 달아오른 두 뺨에 양손을 괴고 장작불을 응시했다
장작불은 밥도 짓고 생선도 굽고 떡도 찌고
온갖 음식을 만들어내지만
허리를 꺾어 흔들며 팔을 휘저어 춤추며
나에세 무언가를 말했다
무슨 말인지는 몰라도 가슴이 뛰었다
온갖 음식을 만들어내는 장작불처럼
무엇이든 하면 다 될 것만 같은 용기가
봇물 터지듯 용솟음쳐 올랐다

수십 년 세월이 독해낸 것은 장작불처럼
뜨거운 열정을 품으라는 당부였다

아닌 것에 끝까지 분노하며 불똥을 튀기라는 부탁이었다
선이 아니고 정의가 아닌 것은
불꽃처럼 태워버리고 말라는……

지금
한 송이 꽃처럼 동그랗게 피어오른
가스 불 앞에서
윙윙 맹렬하게 타오른 장작불이 그리운 것은
열정도 정의도 분노도 사라진 세상 탓이 아니다
아무것도 할 줄 모른
내 탓이다

바다와 태양

바다는 아침마다 해를 낳아 하늘로 보내놓고
하루 종일 하늘을 올려다보며 가슴을 조인다
행여 떨어질세라 물결치는 소리
먹구름에 뒤덮이거나 산을 넘을 때마다
먹빛이 되는 얼굴
두근두근 조바심에
하얗게 끓어오르다 맞이하는 저녁
해의 귀가
바다를 향해 점점 내려오는 해
산을 넘고 또 산을 넘어
풍덩 바다에 빠지는 해
해를 안고 수면에 든 바다
내막을 알 수 없는 깜깜한 장막

나무들

둘도 붙어있지 못 한 나무들
나무들 서로 떨어져 바라볼 뿐
얼싸안은 적이 없다
바람이 불고 가지나 저어본다
어쩌다 손끝 닿을락 말락
서로 손이라도 비벼보고 싶어
나무들 바람을 기다린다

들꽃

노란 들꽃 피었다
꽃병에 꽂아
높은 곳에 올려놓은 것 같은
언덕 위의 노란 들꽃
등잔 위에 켜놓은 등불처럼
꽃도 높은 곳에서 빛이 더 난다
바람이 들꽃을 흔들고
빛은 더 멀리 퍼진다

골목길

골목길이 있었지
오솔길 같은 골목길은
단둘이만 걷고 싶은 길이었지
가로등 하나 없는
캄캄한 골목길일수록
더욱 은밀했지
언제부턴가 골목길은 공포의 길
가로등이 대낮 같이 밝아도
등에 땀이 솟구치는 길

잠자리

하늘하늘 머리 위에서
잡힐 듯 말듯 춤추는 잠자리
손을 뻗치면 살짝 높이 떴다가 다시 내려와
하늘거린 잠자리
세종문화회관 무대에서 춤추는
발레리나들이 떠올라
나는 제자리에 선 채 있고
잠자리들 내 머리 위에서
춤을 추느라 한들한들
잠자리들도 관객이 필요한 게지

이명

웅- 비행기 뜨는 소리
뚜우우- 뱃고동 우는 소리
지지직- 쫘아- 라디오 싸이클 안 맞는 소리
삐이- 삐삐삐- 무전치는 소리
부글부글- 싸르르- 물 끓는 소리
위잉- 나뭇가지가 바람 타는 소리
앵앵- 잉잉- 파리 소리, 벌떼 소리
에에엥- 중국 경극 같은 간드러진 소리
밤낮 소리들과 싸움을 한다
남에게 들려줄 수 없는 비밀한 소리
죽어도 남이 들을 수 없는 소리
오직 나만이 아는 환장할 기묘한 소리들
해방될 수 없는 종신형 감옥
소리 감옥에 갇혀 골똘히 생각해보니
모두 내 발자국 소리
가슴속에 차곡차곡 쌓인 사연들이
서로 손잡고 몸부림쳐 우는 소리

어지럼

공포의 청룡열차를 탈 때보다
열 배, 백 배, 천 배,
빙빙빙, 초고속 열차보다 빠르게 돈다
병원 침대가 나를 안고 거꾸로 돈다
누울 수도 없는 일
눈을 뜰 수도 없는 일
고함을 질러도 멈출 줄 모른다
어쩌자는 것인가 차라리 죽었으면 소리쳐도
누가 아는가
세상이 한 덩어리가 된다
하늘과 땅이 거꾸로 서고
바다가 엎질러지고
강이 터지고
산이 무너진다
무시무시한 공포의 순간
내 몸은 중력을 잃은 지구였다
중력을 잃어버린 지구에서 지구에 매달려있는 모든 것들이
모조리 어디론가 떨어지고 날아가고 사라지는 순간이었다

혼자 흐르는 강

혈관을 뚫고 들어간 주사바늘
붉은 피 몇 대롱 뽑아들고
검사실로 총총 들어가는 간호사들
링거 사각비닐봉지 안에
출렁이는 눈물

병실은 캄캄한 터널
징검다리도 없는 혈관을 따라
붉은 피, 몸속을 흐르지만
살아있음을 직감할 수 없는 시간
공기만 가득한 병실
어느 깊은 숲 속을 홀로
숨어 흐르는 샛강처럼
혼자 흐르는 강

풀꽃 하나

병원 마당 한쪽 구석에
가녀린 풀꽃 하나 피어있다
링거 줄을 달거나 산소 호흡기를 달고
삶을 버티는 환자들 사이로
생명수처럼 보이는
풀꽃 한 송이
너무 낮아서 하늘이 더 높다
바람에 떨며 높은 하늘을 쳐다본다
한 생명으로 태어나 저도 꽃을 피웠다고
자랑하고 싶은 표정
장하다
환자들 얼굴에 도는 풀꽃 같은 희망

늙은 호박

늙은 호박전을 부쳤더니 샛노란 단풍잎이다
입안에 살살 녹은 맛 어린 시절 맨 처음
미제 아이스크림을 먹던 맛보다 훨씬 뛰어나다
늙어야 맛이 드는 호박처럼
늙을수록 괜찮아지는 무엇이 없을까? 생각하다가
떠오른 사람
반백의 머리로 시 쓰는 사람
시를 읽는 사람
반백의 머리에 스카프를 걸치고
시집을 옆에 끼고 늦가을 오후
은행나무 아래로
호젓하게 걸어가는 사람

길이 되고 싶다

물을 품고 씨앗을 품고 뿌리를 품는
흙처럼
흙이 되고 싶다
삶은 고적하고 터널 같은 것
창문 밖으로 겨우 보이는 하늘
밤하늘 별들은 너무 멀다
달은 시리고 은하수는 깊다

한때는 어리석었지
고개 쳐들고 걸을 때마다
치맛자락은 휘날리는 만국기
생각할수록 가련한 일
지상에서 가장 낮은 것은 흙
비가 오면 비를 품고
씨를 뿌리면 씨를 품는 따뜻한 흙이 되고 싶다
흙은 낮아서 길이 된다
집을 찾아가는 길
희망을 찾아가는 길
죽어도 못 잊을 그 아일 찾아가는 길
아 그래,
길이 되고 싶다

비도 인생을 닮았다

비가 온다
비도 인생을 닮았다
같은 하늘에서 떨어지면서도
거리에 떨어지거나 건물에 떨어지는 비들은
산산조각 박살이 난다
나무나 풀잎이나 꽃잎에 떨어지는 비는
구슬이 된다
큰 나뭇잎에서는 큰 구슬
작은 나뭇잎에서는 작은 구슬
풀잎에서는 더 작은 구슬
꽃잎에서는 꽃 구슬이 된다
비도 구슬이 되고 싶어
나뭇잎 풀잎 꽃을 찾아 헤맨다

낮달

길을 잃었는가
한낮 맑은 하늘 저편에
하얗게 떠있는
낮달

빛을 잃었는가
몰래 숨은 듯
얼굴 감추는
낮달

수많은 인공위성들에게 시달려
거뭇거뭇 패인 상처
밤을 기다리는
낮달

눈사람

안동엔 눈이 많이도 내리고 아침이면
마당에 무릎까지 쌓인 눈을 굴려
욕심껏 눈사람을 만들어갔다
나는 숯을 가져오고
오빠는 눈, 코, 입을 만들어 붙이고
나란히 만들어 세운 눈사람들
나는 털모자를 씌워주고
오빠는 입가에 수염도 그려주고 담배도 물려주고
해가 산봉우리를 벗어날 무렵부터
척추 뼈 한 마디씩 내려앉는 소리
스륵
스륵
점점 우리를 닮아가는 허무한 일생
우리처럼 변해가는 얼굴 모양
볼 살이 처지고 눈꺼풀이 내려오고
웃고, 울고, 화가 나고 시무룩해지고
참 허무한 이별

고목

검푸른 이끼로 몸을 덮은 아름드리나무
아주 오래된 고목
마른 뼈처럼 뚝뚝 부러지고 문드러진 뭉툭한 가지와
거대한 몸통에
오다가다 돋아난 연둣빛 작은 잎
'예술이다'
지나가는 사람들마다 한 마디씩 흘리는 말
'정신이다'
내 입에서 흘러나온 말
햇살에 반짝이는 연둣빛 잎이 천년세월에 반격 한다
증손자의 증손자, 고손자의 고손자를 안고 있는 것 같은
어린잎,
고목의 정신이 빚어낸 예술일 터
고목 어디선가 흐르고 있을 그 투명한 정신이
몇 날 동안 머리에서 맴돌더니
내 몸에서도 새잎이 돋아나느라
구석구석 간지럽다

신선대

해금강 바라보는 신선들이 놀았다는
붉은 바위
깎아지른 절벽이다
빙하기가 끝나고 해수가 채워져 바다가 되었다는
깊고 푸른 바다
등대가 전방 37킬로미터를 비추지만
어선이며 여객선이며
길 떠나는 배들 안심이 되지 않아
바다를 지키는 신선대
어선들이 떠나고
사자바위 사이로 여객선이 지나갈 때마다
신선대 허리를 펴고 일어선다
수심 깊은 물 속 고기들도 찍어 올릴 듯
시퍼런 눈으로 바다를 쏘아본다
외도와 내도의 편백나무 숲 동백나무 숲을
훑어 내린 바람이 붉은 절벽에 휘감긴 소리
윙윙 웅장하다
신선대, 신선처럼 바람의 멱을 휘어잡았다

별

별들이 밤새도록 반짝인다
별들은 언제나 반짝이고
우리는 별을 보며 꿈을 꾼다
높은 곳에서 반짝이는 별처럼 되리라고,
언제나 반짝이는 별처럼 되리라고,

별들, 서로 거리가 수억만 리라는데
손을 맞잡거나 나란히 서 있는 것처럼
서로 마주보거나 얼싸안은 것처럼
별들은 언제나 다정하게 반짝인다

서로의 거리가 수억만 리나 되는
어떤 부부들도
남들이 우러러보는 별이다
고상하고 우아하게 보인 그들이
별처럼 반짝인다
오늘밤에도 별들 밤새도록 반짝이고
우리는 하늘을 향해 꿈을 꾼다

■ 해설

고독한 사유가 빚어낸 서정의 변주곡

박 정 선(소설가/ 시인 /문학평론가)

1

권영숙 시인이 다섯 번째 시집을 상재하게 되었다. 무려 30여 년 동안 써온 시를 묶어내기 시작한 것이다. 책 한 권을 내는 일에 대하여 흔히 산고産苦라는 말을 쓴다. 생명 하나가 탄생한 것에 비유한 것이다. 그런데 권 시인은 줄지어 시집을 내고 있다. 이는 대나무의 속성과 같다할 것이다. 대나무는 땅속에서 4년에서 길게는 7년여 동안 성장능력을 기른 다음 지상으로 나오기가 바쁘게 하늘 높이 자라게 된 까닭이다. 권 시인 또한 수십 년 동안 홀로 시 창작에 몰입해 왔으므로 줄지어 시집이 나오는 것은 당연하다할 것이다.

어떻든 대단한 능력을 가진 권 시인은 개성이 독특하면서도 인간의 가장 아름다운 예술적 감성이 뛰어난 시인이다. 시는 다른 장르와 달리 시인의 개성과 주관성에 전적으로 의존한다. 그리고 시의 형식은 시인의 자아와 외부세계와의 특수한 관계에 의해 결정된다. 그러므로 시인에게 요구되는 개별성은 그가 자신의 삶에서 직접적으로 관찰한 것이든 예술적 상상력에 의해 직접 또는 간접체험으로 창조된 것이든 이론적으로 별 차이가 없다. 그것은 다름 아닌 시인의 주관은 객관적 현실을 반영하는 거울이면서 동시에 형상화의 대상이 되기 때문이다.

이와 더불어 시가 인간의 원초적 노래였다는 사실을 생각해 볼 일이다. 인간은 사물을 대상으로 하여 감정을 느끼고 그것을 가장 함축 할 수 있고 응축시켜 드러낼 수 있는 표현수단이 노래이기 때문이다. 따라서 인간은 누구나 감정을 노래할 수 있고 문명의 세상에서는 그것을 글로 표현할 수 있다. 그러나 역설적이게도 노래는 누구나 부를 수 있지만 시는 누구나 쓸 수가 없다. 설령 쓴다고 하더라도 다 시라고 인정받을 수도 없다. 왜 그럴까. 마치 가정을 이루기 위해서는 가족을 만드는 구성요건이 갖추어져야 하는 것처럼 시를 쓰기위해서는 알아야 할 기본적인 요건이 따르기 때문이다. 이미지, 은유, 상징, 역설, 아이러니, 그리고 시상

전개의 원리가 바로 그런 것들이라 해도 될 것이다.

여기에 따른 설명은 매우 많다. 브룩스는 시는 추상으로서가 아니라 구체적 매체를 통해 표현하는 것으로서 이미지 표출에 따른 모든 시의 형상화 과정은 바로 은유적 방법론을 통해서 얻어진다고 했다. 리차즈는 아이러니를 유지하는 시를 탁월한 시, 최상의 시로, 규정하기도 했다. 워렌과 휠라이트 역시 시의 언어를 역설로 규정하면서 역설과 더불어 아이러니를 강조했다. 뿐만 아니라 구체적으로 시란 근본적으로 낯설게 하기의 산물로 새로운 시선과 새로운 언어 없이는 미적 충격을 경험할 수가 없다. 각 개인의 창조적인 역량은 익숙한 것을 어떻게 다르게 보여줄 것인가에 달려있기 때문이다. 또한 시인은 시대를 읽고 미래를 예견하는 예단과 선견지명을 가져야 하고, 시인의 눈은 자기를 떠나 이타를 향한 이상적인 세계관이 형성되어 있어야 한다.

우리는 일상적으로 좋은 시, 좋은 글을 쓰기위해서는 많은 체험을 쌓아라. 부지런히 독서하라. 사물을 관찰하라. 항상 사색하고 사유하고 스스로에게 질문하라. 등등을 주문한다. 더욱이 '많은 체험을 쌓으라'는 말은 식상할 정도로 권장하고 있다. 그러나 많은 체험을 쌓는 것과 좋은 글을 쓴다는 것은 비례하지 않는다. 그것보다는 대상에 대한 발견이 더 중요하다. 왜냐하면 발견이 없는 눈은 좋은 글을 쓸 수가 없기 때문이다. 그리고 이것은 사물을 관찰하라는 말과 연관이 되는데 사물을 일부러 관찰하려고 애쓴다는 것은 어불성설이다. 의도적인 관찰은 발견과 전혀 다른 맥락이다. 벌써 예술가의 눈(심미안)은 사물을 의식적으로 관찰하기 전에 발견되어지는 것이다. 이것이 바로 직관력이다. 그리고 우리가 흔히 말하는 영감(inspiration)이라고 하는 것 역시 발견에 해당된다.

이(발견)를 위해서는 무조건 쓰기가 필요하다. 톨스토이는 '언제 영감이 떠오를 때까지 기다리느냐 무조건 써라' 모파상은 '재능은 별 것 아니다. 다만 긴 인내일 따름이다'라고 했는데 대가들의 이런 말을 생각해보면 무조건 쓰는 것이 최선의 방법이라는 걸 쉽게 알 수 있다.

이런 것을 염두에 두고 권영숙 시 세계를 들여다보면 권 시인은 추종을 불허할 만큼 부지런히 쓰는 시인이라는 걸 알 수 있다. 그의 눈은 마치 낚시 바늘처럼 일상에서 발견을 낚아 올린다. 그는 직접적인 생활체험을 아주 꼼꼼하게 예술적 상상력으로 풀어내고 있다. 주어진 대상을 놓치지 않고 스케치는 것이 습관화된 것이다. 그러므로 권영숙 시인의 시세계를 들여다보게 되면 '참된 시는 깨달음의 수단이다'라는 휠록의 말을 실감하게 된다.

따라서 시란 무엇인가를 다시 생각하게 된다. 물론 '시란 무엇인가'에 대한 답은 없다. 다만 아리스토텔레스가 시(시를 비롯한 모든 예술)는 인생에 대한 도방이라고 전제한 대로 시는 인간의 총체적인 삶과 같다고 해야 할 것인데, 권 시인의 시에서 인생이란 무엇이며 인간은 왜 사는 가에 부딪치게 된다. 권 시인의 시는 대상이 자연이든 사물이든 추상적 관념이든 인간의 감정이 뼈와 살[肉]을 구성하고 있으며, 시는 사람의 감정을 표현하는 수단이라는 말을 음미하기에 충분하기 때문이다.

사실 권영숙 시인과 '시'라는 문제는 처음부터 끝가지 이런 각도에서 다루어야 마땅하다. 대부분 시가 다 그렇지만, 첫 시집 『어미새』부터 시작하여 그의 시는 심장에서 추출된 것이고 자신의 분신을 녹여내지 않고는 쓸 수 없기 때문이다. 말 그대로 그의 사유는 고독하고 고독한 사유는 인생의 골 깊은 내면을 가슴 아리게 변즈한 탓이다.

2

권 시인의 작품은 첫째로 생명에 대한 애착이 강하다. 이것을 점층적으로 살펴볼 필요가 있는데 생명에 대한 애착은 삶에 대한 애착에서 발로한다. 또한 삶의 애착은 가족애로부터이며 가족애는 그녀가 유년시절 풍족하고 따뜻한 사랑을 받으며 성장한 가정의 분위기에서 길러진 정서라고 할 수 있다. 경북 안동 태생인 권 시인은 전통적으로 권세를 누린 안동 권 씨 가문의 후예이다. 조부님이 군수 및 요직을 거친 인물이며 부친 또한 구학문과 신학문을 공부하여 공직에 몸담았던 지식인이었다. 그리고 추억에 대한 환기와 자화상의 환치가 두드러진다. 어떤 대상으로 하여 불러일으킨 추억이 봄볕처럼 따뜻하다. 그럴 수밖에 없다. 생명에 대한 애착에서 언급했듯이 그녀에게 있어 유복했던 성장의 카테고리가 곧 추억이기 때문이다.

그러나 자화상은 이들과 사정이 다르다. 자화상 역시 생명성과 상관관계를 이루는 것들이 많으면서도 자못 어둡고 쓸쓸하고 고독하며 그리움에 목말라 있다. 제5집의 표제 『새들도 그리워서 산을 넘는다』에서 보여주듯이 그는 그리움을 찾아 산이라도 넘고 싶은 심정이다. 사회현상을 바라보는 시선도 매우 예리하다. 이런 모든 정서는 권 시인의 첫 시집 『어미새』부터 제5집까지 계속 이어지는데, 그가 상재한 시집을 살펴보면 점층적으로 감정을 벗어나는 것을 발견할 수 있다. 앞에서 말한 첫 시집 『어미새』는 자식을 잃은 어머니의 한을 풀어낸 애끓는 모성의 고백이므로 감정에 함몰되어있다.

그러나 제2시집 『꽃처럼 눈뜨는 아침』 부터는 어미새의 슬픔을 벗어나 새롭게 세상을 바라보기 시작하면서 시야가 확장된다. 제3시집 『풀꽃사이로 하늘이 보인다』은 더욱 확장되어 표제에서 은유한대로 꽃처럼 눈 뜨는 아침을 맞이하듯 새로운 희망을 시사하고 있다. 제4시집 『나뭇잎 시처럼 떨어진다』는 일상적인 생활 속에서 만난 사물을 모두 시로 환원하는 탁월한 시선을 보여주는 작품이다. 그리고 제5시집 『새들도 그리워서 산을 넘는다』는 상징과 은유가 이전 작품들을 훨씬 뛰어 넘을 뿐만 아니라 사유의 깊이가 돋보이는 작품 군이다.

제5시집으로 묶은 작품을 일괄하여 보면 대상이 ㉠세태적인 것(탱자나무 /모과의 슬픔 /종소리와 스마트 폰 /바람이나 타는 수세미 /문자보내기 풍경 /골목길 /고로쇠나무의 울음소리……) ㉡인생을 통찰하는 사유(까마귀 /낙타 /모래알 세상 /골목벽화 /장작불 /……) ㉢관찰과 직관력이 돋보인 작품 군(풍경 /삼복더위 /콩밭과 할머니……), ㉣자화상 적 작품 군(후리지아 /나비 /운동장과 깡통 /칠월 /이명 /어지럼 /혼자 있는 병실 /길이 되고 싶다 /……), 그리고 ㉤추억에 관한 작품은(낙엽이던가/싸리꽃 /한여름 삽짝에서 /연어 알 조밥 /추억은 세월을 먹고 진주가 되네 /무늬 /메밀꽃 /보리밭 /무명실꾸리 /다락방과 소녀 /봉선화 피면 /눈사람)으로 분류해 볼 수 있다. 그러나 이런 분류는 대략적이며 더 자세히 들여다보면 적어도 열 가지 이상으로 분류할 수 있는 다양

성을 갖고 있다는 것을 밝힌다.

휠록의 말대로 권영숙의 눈에 비친 사물은 모두 깨달음으로 다가온다. 대상은 매우 폭이 넓어 자연뿐만 아니라 현실문제와 관념의 대상인 생명의 존엄과 인생에 대한 통찰이 주류를 이룬다(물론 이것들은 당연히 시적 대상들이다). 세태적인 작품 군에서 세태를 가장 잘 반영한 작품은 "탱자나무/모과의 슬픔 /종소리와 스마트 폰 /바람이나 타는 수세미 /문자보내기 풍경 /골목길/고로쇠나무의 울음소리" 등이다. 이 가운데 「모과의 슬픔」은 현실과 더욱 밀착된 대상이다. 모과는 특유의 향기와 노란 빛깔로 한 몫을 하는 열매이지만 잠시 관상용으로 즐길 뿐 사람들이 관심을 갖는 데는 한계가 있다. 우선 먹을 수 없어 실용성이 없는 데다 생김새가 고르지 못하다. 이런 점을 시인은 인성이 아무리 향기로워도 겉으로 드러난 얼굴이 못 생긴 사람을 좋아하지 않는 인간심리에 비유하고 있다.

다른 작품도 세태를 설명하기는 마찬가지다. 제목에서 이미 드러난 대로 「문자보내기 풍경」은 이미 만연한 스마트폰의 현실을 보여주며 「고로쇠나무의 울음」 또한 수액을 뽑아먹는 현대인들의 이기심을 말하고 있다. 「골몰 길」은 옛날 연인들이 즐겨 찾았던 은밀한 길이었는데 현대에서는 범죄의 길로 공포의 대상이 된 현실을 묘사하고 있다. 「바람이나 타는 수세미」 역시 설거지를 하는 수세미는 이미 화학섬유로 바뀐 지 오래다. 그런 탓에 자연의 식물 수세미는 사람들의 관심에서 벗어나 들에서 바람이나 타고 있다.

청명한 가을 하늘
높다란 가지에
찬란한 별처럼 빛나는 열매

울룩불룩 불균형한 얼굴로
천상의 향기를 발산하는
저 노란 빛깔
'천상의 향기라도 못 생긴 건 별 수 없어'
향기에 취했다가 고개를 흔들며
돌아서는 사람들

내 딸이라면 당장
사과처럼 성형수술이라도 해주고 싶은 마음

「모과의 슬픔」 전문

3

다음으로 추상적이면서 인생을 통찰하는 '생명과 인간의 존엄성에 대한 사유' 가 있다. 사유와 발견의 변주곡(서술적 비유적 이미지의 대표적인 작품, 객관적 대상을 인생에 비유하고 있다)이다. 이러한 작품 군에서 특히 "까마귀 / 낙타 / 골목벽화 / 장작불 / 밤의 소나타 /사하라 사막/ 늦가을 소나타 /가을 편백나무 /"은 인간의 삶과 영혼을 천착한다.

작품 「까마귀」와 까마귀를 생각해 보자. 나라마다 새들에 대한 편견이 있다고 알려져 있다. 까마귀는 우리나라에서는 흉조로 여겨왔지만 일본에서는 길조로 여긴다. 반대로 까치는 우리나라에서 길조로 여기지만 흉조로 여기는 나라가 있다.

아무튼 무더위가 막 사라진 초가을 하늘은 그야말로 속 시원하다. 갑자기 푸르러지고 높아진 하늘을 까마귀 떼가 울고 가는 그 청량한 울림을 시인은 놓치지 않았다. 하늘 높이 울리는 까마귀의 울음소리의 공명은 아름다운 음악처럼 온 세상에 널리 퍼진다. 여기서도 권 시인은 인생의 눈물을 들여다본다. 가슴이 답답할 때 누구나 크게 소리치고 싶은 충동을 느끼게 마련이다. 소리라는 것은 단순한 고함소리가 아니라 모든 것을 송두리째 퍼낼 수 있는 울음이다. 정말 까마귀처럼 하늘을 울릴 수 있는 울음을 울어버린다면 평생의 한이라도 풀릴 수 있을 것임을 시사하고 있다.

「낙타는 발자국을 남기지 않는다」는 참 좋은 작품이다. 우선 이미지(서술적 이미지)와 상징과 은유에 성공하고 있다.

주지하다시피 낙타는 사막을 걷는 것이 일생의 삶이다. 그래서인지 낙타는 몸부터 사막의 바람을 막게끔 계곡처럼 굽어있다. 시인의 직관력은 그것에서 번개처럼 작용한다. 낙타의 삶을 관통한 나머지 인간의 허무한 생으로 은유한 것이다.

진술한대로 가도 가도 사막이란 곳은 낙타든 사람이든 발자국이 남을 리 없다. 그렇다고 걸을 때마다 말처럼 경쾌한 발걸음소리도 들을 수 없다. 낙타의 휴식은 밤이며 밤에 먹이가 주어진다. 먹이라야 마른 풀 몇 줌이다. 서술적 이미지의 기법을 사용하여 묘사 대상을 객관적으로 서술한다. 이를 통해 슬픔과 고독을 환기시키면서 인간의 삶으로 귀결시킨 것이다.

이 작품은 호랑이는 죽어 가죽을 남기고 사람은 죽어 발자국을 남긴다고는 하지만 실은 그렇지 못함을 은유한다. 우리는 이러한 작품을 통해 발자국을 남긴다는 건 현실을 살아가는 사람들이 좌절하지 않고 인내하기 위한 수단에 불과한 말 뿐이며, 인간도 결국 겨우 마른 풀 몇 줌을 씹으며 감옥 같은 현실을 견딘다는 걸 짐작할 수 있다.

폭염이 사라진 하늘가
까악! 까악!
하늘 높이 울려 퍼지는

까마귀 울음소리
떼 지어 하늘 가슴 울리는
청량한 공명

새라고 다 하늘 높이 울던가
태어나 한 번 하늘 가슴 울리도록
울어볼 수 있다면
저토록 청량한 공명으로
까악! 까악!
하늘 가슴을 울릴 수 있다면

까악! 까악!
하늘 가득 울리는
청량한 울음소리
속 시원히
어디론가 날아가는 까마귀 떼

「까마귀」 전문

계곡처럼 굽은 등 몸부터 슬프다
커다란 눈을 반쯤 감은 채
모래를 헤젓는 발걸음

끝없는 지평선을 향해
가도 가도 제자리
발굽에 체이는 모래바람이
원수처럼 전진을 방해 한다

걸어도 걸어도
말馬처럼
또각, 또각,
경쾌한 소리도 없는 길
사르륵 사르륵
모래바람에 묻혀버리는 발자국

해가 저물고 황량한 사막에
빙설처럼 내리는 달빛

감옥처럼
몇 줌의 마른 풀이 주어지고
가도 가도
발자국 하나 남길 수 없는 길을 추억하며
긴 눈썹을 내리깔고
마른 풀을 씹는
낙타

「낙타는 발자국을 남기지 않는다」 전문

오직 인간만이 언어와 상상력을 부여받았다. 지구상에 맨 처음 길은 없었다. 삶의 방법도 수단도 없었다. 그러나 모든 것은 지구상에 숨겨져 있었다. 그것을 찾아내는 것은 과학과 지혜였다. 모든 열쇠는 상상력에 달려있었다. 상위의 과학부터 하위의 삶과 예술까지 상상력에 따라 발견되고 발명되고 발전되어 왔다. 오늘날 인류를 이만큼 만들어

온 것은 모두 상상력 덕분이라는 결론이다.

작품 「장작불」을 말하자면 모두에서 언급한 가스통 바슐라르의 『불의 정신분석』불의 상상력을 생각해야 한다. 이 위대한 인간의 상상력은 불과 가장 가깝게 작용한다는 것을 물리학자 바슐라르가 일찍이 발견했기 때문이다. 그것은 이미 그리스 신화에서 존경의 대상인 불에 대하여 프로메테우스의 콤플렉스를 통해 잘 알려져 있기는 하다. 또한 목적이 무엇이었든지 간에 자신의 나라인 로마 시에 불을 지르고 시를 읊은 것으로 전해지는 로마 황제 네로 이야기도 상상력 탓이었다. 그러나 여기서는 지면상 또 성격상 불에 대한 모든 것을 차치하고, 작품에 나오는 불, 아궁이에서 타는 장작불 앞에서 상상력을 펼칠 때를 생각해보자. 불은 우선 따뜻하다. 따뜻하면 아득하고 평화롭고 행복해진다. 더욱이 장작불은 금세 타버리지 않아 상상력을 펼칠 여유가 있다.

셋째 연 "…… 장작불 앞에서 나는 곧잘 생각하는 사람이 되었다/ '어린 것이 무슨 생각을 그리 하노?' /몸도 마음도 따뜻해지는 아궁이 앞에 앉아/활활 달아오른 두 뺨에 양손을 괴고 장작불을 응시했다/…… "라는 부분을 보면 어린 소녀는 장작불이 타는 아궁이 앞에 앉아있고 어머니는 어린 것이 무슨 생각을 하느냐고 묻는다. 그때 화자는 장작불을 통해 무엇인가를 느꼈지만 알 수 없었고 다만 가슴이 뛰었다고 진술하고 있다. 불 앞에서 평온함과 함께 상상력이 작용했던 것이다.

그리고 훗날 어른이 되어 인생살이를 하면서 깨닫게 된 것은 불에 대한 속성이다. 불은 노골적이고 즉흥적이지만, 모든 것을 태워버릴 정도로 무섭게 분노하는가하지만, 불은 오로지 모든 것을 바치는 뜨거운 사랑과 열정임을 알 게 된다. 불은 오로지 정의를 위해 모든 것을 바치는 외길이라는 것도 알게 된다. 그런데 어른이 된 화자는 어린소녀일 때 불이 온갖 음식을 만들어내듯이 무언가를 하면 될 것만 같은 용기와 용솟음쳐 올랐던 걸 기억해내지만 현대의 가스불 앞에서 아무것도 할 줄 모른 무능한 자신을 발견하고 만다.

> 장작불 앞에서 나는 곧잘 생각하는 사람이 되었다
> ‘어린 것이 무슨 생각을 그리 하노?’
> 몸도 마음도 따뜻해지는 아궁이 앞에 앉아
> 활활 달아오른 두 뺨에 양손을 괴고 장작불을 응시했다
> 장작불은 밥도 짓고 생선도 굽고 떡도 찌고
> 온갖 음식을 만들어내지만
> 허리를 꺾어 흔들며 팔을 휘저어 춤추며
> 나에세 무언가를 말했다
> 무슨 말인지는 몰라도 가슴이 뛰었다

온갖 음식을 만들어내는 장작불처럼
무엇이든 하면 다 될 것만 같은 용기가
봇물 터지듯 용솟음쳐 올랐다

수십 년 세월이 독해 해낸 것은 장작불처럼
뜨거운 열정을 품으라는 당부였다
아닌 것에 끝까지 분노하며
불똥을 튀기라는 부탁이었다
선이 아니고 정의가 아닌 것은
불꽃처럼 태워버리고 말라는,
지금
한 송이 꽃처럼 동그랗게 피어오른
가스 불 앞에서
윙윙 맹렬하게 타오른 장작불이 그리운 것은
열정도 정의도 분노도 사라진 세상 탓이 아니다
아무것도 할 줄 모른
내 탓이다

「장작불」 중에서

4

작품 「모래알 세상」은 철저히 개인화된 현대사회의 정서를 은유하고 있다. 모래는 넓은 면적을 확보하면서 한곳에 가까이 모여 있지만 서로 붙지 않는다. 파도가 쳐도 모래는 끄떡하지 않는다. “얼마나 끈끈한 결속이기에?”라는 아이러니는 전혀 그렇지 않은 모래의 성질과 오늘날 개인화된 현대사회가 동일 선상을 이룬다. 있다. 작품「별」에서도 현대인의 내면을 매우 구체적으로 묘사하고 있다. 하늘의 별은 우리와 멀리 떨어져있고 아름다운 빛만 바라볼 수 있다. 서로 사이가 먼 부부들도 겉모습은 별처럼 모두 행복해 보인다는 것을 묘사하고 있다.

널따란 모래밭
모래알 한데모여
한세상 이루었다
파도가 친다
밤낮 파도가 쳐도
끄떡하지 않는다

얼마나 끈끈한 결속이기에?

모래 한 줌 집어 들었다
꼭 쥐었다 놓아도
서로 붙지 않는다
한 알, 한 알,
모두 한 알이다
세상 끝없이 넓어도
모래알 같은 세상
제각각 하나하나 흩어지는
모래알 같은 우리를 닮았다

「모래알 세상」

서로의 거리가 수억만 리나 되는
어떤 부부들도
남들이 우러러보는 별이다
고상하고 우아하게 보인 그들이
별처럼 반짝인다
오늘밤에도 별들 밤새도록 반짝이고
우리는 하늘을 향해 꿈을 꾼다

「별」 중에서

상상력은 무의식에서 출발한다고 바슐라르는 강조한다. "우리가 어떤 시 작품을 보다 잘 더 종합적으로 이해할 수 있는 것은 어떤 심리 콤플렉스를 인정할 때인 것 같다. 사실 시 작품이 어떤 콤플렉스에 의하지 않고 달리 자신의 단일성을 수용할 가능성은 별로 없는 것 같다. 콤플렉스가 없다면 뿌리가 잘린 격이기에 아마 작품은 무의식과 소통하지 않을 것이다. 그런 작품은 차고 조악하고 거짓인 것처럼 보인다."

이 말은 '엠페도클레스 콤플렉스'에서 바슐라르가 한 말인데 시를 창작하고 읽는데 있어서 대단히 중요하고 의미있는 내용이 아닐 수 없다. 바슐라르뿐만 아니라 심리학자들은 무의식도 의식이라고 주장하기 때문이다. 무의식이란 용어는 용어자체일 뿐 의식의 어딘가에 잠재되어있는 무의식이 작용하는 건 자기 자신이 의도적이지 않은 상태에서 무언가가 작용하는 것을 말한다는 것이다. 상상력의 작용이 그것이다(이를 일러 몽상이라고도 하지만 몽상과 상상력은 동일시되고 있다.).

상상력은 무의식의 기저에 숨어 있다가 어떤 상황에서 작용한다는 것이다. 인간에게는 거의 대부분 콤플렉스가 있게 마련이다. 인간은 모든 것을 다 이룰 수 없고 가질 수 없기 때문이다. 그리고 그 콤플렉스 때문에 삶과 인생에 대하여 깊은 사색가가 되는 것이다. 콤플렉스는 인간에게 브레이크 역할을 해준다고 보면 된다. 그리고 특히 주관적인 언어예술인 시를 쓸 때 콤플렉스는 절대적인 작용을 하고 나선다.

권 시인에게서 어렵지 않게 그것을 발견할 수 있다. 권 시인의 자화상은 이러한 무의식에 숨어있는 콤플렉스가 만연해있다. 그럴 수밖에 없는 것이 권 시인은 자신의 목숨보다 더 사랑하는 딸을 잃었고 그 슬픔은 영원한 것이 되고 말았으니 더 말할 나위가 없다. 또한 겉으로 드러내지 못한 눌림과 억울함과 서러움이 복합적으로 잔재하고 있다. 권 시인은 여러 가지 예능적인 재능을 타고 났음에도 그것을 수십년 동안 사장시켜야 했다. 또한 병으로 인하여 심신이 약할대로 약해져있는 상태다. 주로 자화상 작품 군인 "후리지아 /나비 /운동장과 깡통 /칠월 /이명 /어지럼 /혼자 있는 병실 /

길이 되고 싶다”에서 이런 면을 쉽게 발견할 수 있다.

「후리지아」는 꿈과 빗나간 현실에서 꿈 많은 소녀시절을 그려내는 자화상이다. 「나비」는 답답한 현실을 독방에 갇힌 나비로 은유한 자화상이다. 「칠월」과 「길이 되고 싶다」는 잃어버린 딸에 대한 그리움을 표현하고 있다. 특히 ‘길이 되고 싶다’에서는 딸을 찾아가는 길, 또는 딸이 찾아오는 길이 되고 싶다는 염원을 드러내고 있다. 「이명」, 「어지럼」, 「혼자 있는 병실」 등은 제목이 말해준 대로 육신의 병으로 인하여 괴로운 심신을 말해준다. 그리고 「운동장과 깡통」은 고독의 극치를 드러낸다. 밤 시간 학교 운동장에는 사람이 없다. 바람에 빈 깡통이 구른다. 소리가 난다. 소리는 화자에게 서러운 울음으로 다가온다. 깡통은 바람에 소리라도 내지만 화자는 속으로 울음을 삼켜야 한다. ‘구른다고 다 소리를 내는 것은 아니다’가 그것을 잘 말해주고 있다.

> 나비가 출구를 찾아
> 이리저리 날아본다
> 출구는 없다
> 벽에 부딪쳐 날개가 찢어진다
> 벽에 부딪쳐 팔다리가 부러진다
> 손가락이 부러지고 발가락이 부러지고
> 입이 터지고 심장이 찢어진다
> 제자릴 맴돌다 맴돌다

제자리에 쓰러져 눕는 나비
아무도 없는 독방에
하얗게 쏟아져 쌓인 한숨

「나비」

깜깜한 밤
널따란 학교 운동장에서
빈 깡통이 축구놀이를 하듯
혼자서 구른다
바람 따라 이리저리 마음껏 구르는 깡통
고요한 밤
요란한 소리
텅 빈 속
말 못할 서러운 심정?
마음껏 혼자 소리치며
이리 구르고 저리 구른다
교정의 나뭇잎들 위로하듯
우수수 떨어져 함께 구른다
구른다고 다 소리를 내는 것은 아니다

「운동장과 깡통」

소리 없이
눈이 내린다
평화롭게 아름답게 눈이 내려
차곡차곡 쌓인다
사람들 재밌게 눈을 밟는다

뽀드득 뽀드득
발밑에 밟히는 소리
사람들 더 재밌게 눈을 밟고간다
뽀드득 뽀드득
발밑에 밟히는 아픈 소리
밟힐 때는 무엇이든 소리를 내는 거지
악을 쓰는 거지

「하얀 눈」 전문

「하얀 눈」은 강자와 약자를 상징한다. 하얀 눈은 약자이며 눈을 밟는 것은 강자이다. 짓밟는 자가 있고 짓밟히는 자가 있다. 높은 곳 하늘에서 내리는 눈은 그 누구도 범하지 못할 정도로 그야말로 순백의 깨끗함을 자랑한다. 그러나 눈은 약하고 인간은 강자다. 강자 인간들은 여지없이 눈을 밟고 간다. 그것도 아주 재미있게 즐기면서 밟아 대고 눈은 뽀드득 뽀드득 아픈 소리를 내게 마련이다. 현대사회는 부조리하고 불공정하고 부도덕한 일들이 눈 내려 쌓이듯 쌓여있음을 보게 된다. 사회뿐인가. 갖가지 아름다운 집단도 가정도 마찬가지다. 약자는 강자에게 밟히고 기껏해야 강자의 발밑에서 뽀드득 소리를 내며 신음하다 눈 녹듯이 사라지고 만다. 권 시인은 이러한 현상이 늘 못마땅하고 가슴 아팠을 것이다.

5

추억에 관한 작품 군 “싸리 꽃 /한여름 삽짝에서/ 연어 알 조밥 /추억은 세월을 먹고 진주가 되네 /무늬 /메밀꽃 /보리밭 /무명실꾸리 /영원한 것 /다락방과 소녀 /봉선화 피면 /눈사람”으로 어머니에 대한 그리움과 형제(언니와 오빠)에 대한 추억 등이 자주 등장한다. 추억은 권 시인이 안동 농촌에서 성장한 만큼 농촌문화와 정서가 깊게 배여 있다.

그러므로 모두 향토적이며 전통적인 색채가 농후하다. 「싸리 꽃」은 아이들을 훈육할 때 회초리로 사용된 싸리나무의 꽃이다. 나무와 풀의 중간이라고 해야 할 대가 가늘고 키가 별로 크지 않는 나무에 피는 보랏빛 앙증맞은 꽃이다. 「한여름 삽짝에서」는 집으로 통하는 출입문(대문)을 말한다. 짐작컨대 안동지역의 사투리가 아닌가 한다. 한여름이면 바람이 잘 통하는 삽짝에서 동네사람들이 모여 쉬는 풍경을 추억하고 있다. 연어 알 조밥은 좁쌀 밥이 마치 연어알처럼 생긴 것에서 착안한 것이다. 그 밖에 「메밀 꽃」, 「보리밭」은 일반적인 소재일지라도 「무명실꾸리」는 보기 드문 소재가 아닐 수 없다. 딸을 시집보내면서 어머니가 가지가지 색실로 실꾸리를 만들어 보낸 것은 실의 길이만큼 오래오래 살기를 바라는 소망을 상징한 것이며 색색이 아름다운 실처럼 행복하게 살라는 염원이 담긴 상징물이다.

또한 일상의 하찮은 것도 권 시인의 눈을 피해가지 못한다. "풍경/ 삼복더위 /콩밭과 할머니……" 등은 관찰에 대한 직관력이 돋보인 작품이다. 「삼복더위」가 그 대표적인 예가 되겠다. 불볕더위가 좔좔 내리쬐는 여름날 그늘은 사막에서 찾는 오아시스 격이다. 비록 전봇대라는 그늘답지 못한 그늘일지라도 그런 그늘이라도 원하는 사람들을 바라보는 시선이 재미있을 뿐만 아니라 무엇엔가 의지하려는 인간의 심리를 잘 표현하고 있다.

여름 내내 비 한 방울 내리지 않았다
버스는 좀처럼 오지 않고

거리는 나무 한 그루 없는 불볕더위

전봇대 그늘이 길게 뻗고
그곳에 일렬로 늘어 선 사람들

버스가 도착할 때마다 재빠르게
전봇대 그늘을 차지하는 사람들
끼어들 틈이 없는 전봇대 그늘

「삼복더위」 전문

전통적 심리학자들은 인간은 보는 것으로 시작하여 뒤이어 기억을 하게 되고, 맨 마지막에 상상을 한다고 가르친다.

그러나 상상력의 대 이론가 바슐라르는 이간은 무엇보다 우선 상상을 하고 그런 다음에 보며, 때때로 기억을 하는 그런 존재라고 한다. 물론 바슐라르의 5대 상상력에 대한 이론『불의 정신분석』,『물과 꿈』,『공기와 꿈』,『대지와 의지의 몽상』,『대지와 휴식의 몽상』 등을 공부해본 경험이 있는 사람이라면 당연히 바슐라르의 생각에 동의할 뿐만 아니라 감동할 것이다. 왜냐하면 보지 않고 상상하는 것이 더 창조적이기 때문이다.

권 시인의 작품을 일괄하면서 이와 같이 인간과 상상력에 대한 문제를 다시 생각하게 되었다. 권 시인의 무궁한 상상력과 그의 역량이 경이로운 정도로 놀랍기 때문이다. 매일 밥을 먹듯, 그러니까 일상이 시로 환원도는 능력은 좀처럼 실현하기 힘든 일이기 때문이다. 말하자면 폭포수가 쉬지 않고 떨어지기 위해서는 어디선가 물이 공급되어야 한다. 또한 창작의 불이 꺼지지 않고 계속 타오르기 위해서는 그 만큼의 기름이 필요하다. 이러한 물 공급과 기름 공급은 대체 누가 무엇이 하는 것일까를 생각해보게 하는데, 다섯 번째 시집답게 분량도 좋고 시의 탄력도 좋은데 아직도 그의 역량은 무궁무진하다. 그러므로 시는 생활과정의 이미지이며 동시에 인간자신의 계발 적 이미지라는 브룩스의 말이 권영숙 시인에게서 발견되는 현상이라고 해야 할 것이다.

이제 모든 일상생활을 시로 환원하는 권 시인은 행복하다. 시를 발견한 심안을 가졌기 때문이며 참 삶의 길을 찾았기 때문이다. 이것은 감히 말하거니와 이십대 청춘이나 백만장자를 능가한 기쁨이다. 언젠가 한참 유명세를 타는 정호승 시인이 필자에게 '시는 참 좋은 것이지요.'라고 한 말이 새삼 생각난다(달맞이 고개 행사 때). 정 시인의 말이 은유하는 것을 사실 그때는 몰랐었다. 그러니까 시가 인간의 영혼을 이끈다는 걸 몰랐었다.

권 시인의 시를 대하고서야 그런 의미를 알게 된 것은 권 시인의 기쁨에서 시가 주는 기쁨이 무엇인지를 발견한 탓이다. 시란 적어도 그런 것이다. 인간이 정신으로 사는 것이라는 걸 우리가 믿는다면 시의 힘을 믿어도 좋다. 백 년을 살고도 전혀 기쁨을 발견하지 못한 채 사라진 사람이 부지기수일 것이다. 앞으로도 부지런히 좋은 시를 써서 자신은 기쁨과 보람을 성취하고 독자에게는 감동을 선물해 주길 부탁한다. 아울러 문학적으로 더 큰 세계를 향해 정진하기를 빈다.

권영숙 제5시집

새들도 그리워서 산을 넘는다

2014년 5월 19일 초판1쇄 인쇄
2014년 5월 25일 초판1쇄 발행

지은이 권 영 숙
발행인 이 길 안
발행처 세종출판사

부산시 중구 흑교로 71번길 12 (보수동2가)
전화 463-5898, 253-2213~5
팩스 248-4880
E-mail sjpl@chollian.net

등록 제02-01-96

ISBN 978-89-6125-803-6-03810

값 10,000원